中国交通教育研究会组织编写

汽车维修工技能鉴定和转岗就业培训用书

轿车维修模块化实训系列教材

轿车故障诊断

实训集

杨　勇　主编　吴际璋　主审

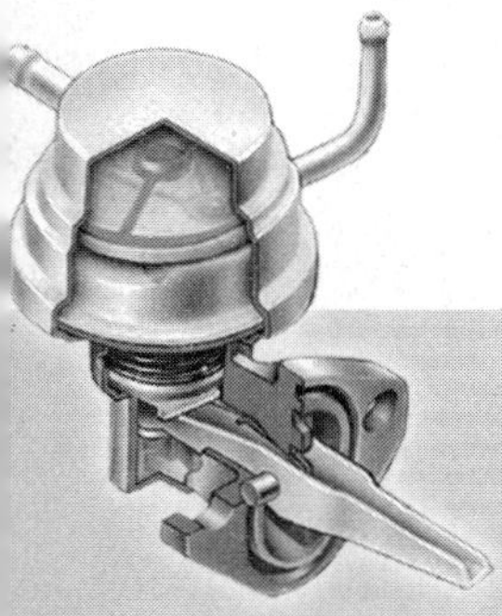

人民交通出版社

内 容 提 要

本书是轿车维修模块化实训系列教材，主要训练学生对轿车在使用过程中产生的故障进行科学、准确地分析，确诊造成故障的真正原因，找到故障的具体部位的能力。内容包括：电子控制燃油喷射系统的检测、电喷发动机故障诊断与排除、离合器故障诊断与排除手动变速器故障诊断与排除、自动变速器的检测和试验、自动变速器故障诊断与排除、转向系统故障诊断与排除、行驶系统故障诊断与排除、ABS 系统的检测、制动系统故障诊断与排除，共计 10 个模块的实操训练。本书中每一个项目与《轿车故障诊断》教材中的项目相对应，可用于实操训练的记录和考核，"训练并思考"部分可作为学生课后的思考或作业，达到实操训练与理论知识相衔接的目的。

本书作为职业院校汽车运用与维修专业师生教学用书，亦可供相关工种职业技能鉴定和转岗就业培训使用。

图书在版编目（C I P）数据

轿车故障诊断实训集/杨勇主编 .—北京：人民交通出版社，2007.8

ISBN 978-7-114-06724-2

Ⅰ.轿… Ⅱ.杨… Ⅲ.①轿车－故障诊断－教材②轿车－故障修复－教材 Ⅳ.U469.110.7

中国版本图书馆 CIP 数据核字（2007）第 117502 号

书　　名：轿车故障诊断实训集
著 作 者：杨　勇
责任编辑：戴慧莉
出版发行：人民交通出版社
地　　址：(100011) 北京市朝阳区安定门外外馆斜街 3 号
网　　址：http://www.ccpress.com.cn
销售电话：(010) 59757973
总 经 销：人民交通出版社发行部
经　　销：各地新华书店
印　　刷：北京鑫正大印刷有限公司
开　　本：787 × 1092　1/16
印　　张：5.75
字　　数：114 千
版　　次：2007 年 8 月　第 1 版
印　　次：2015 年 8 月　第 3 次印刷
书　　号：ISBN 978-7-114-06724-2
印　　数：5001 – 6000 册
定　　价：12.00 元
(有印刷、装订质量问题的图书由本社负责调换)

编审委员会

主任委员： 康仲明

副主任委员： 舒　翔　吴际璋　杨　勇

委　　员： 王兰英　叶智勇　闫东坡　杜跃华

张京伟　张则雷　胡大伟　杨经元

杨　进　高庆华　魏俊强

前　言

为了贯彻《国务院关于大力推进职业教育改革与发展的决定》精神，适应全面建设小康社会对高素质劳动者和技能型人才的迫切要求，实施理实一体化教学，增强学生的动手能力，中国交通教育研究会组织北京、山东、浙江、江苏、河北和云南六个省市26位专家，在对全国30余个汽车维修企业进行充分调研的基础上，根据素质教育的要求和教学改革的发展需要，以及交通行业职业技能规范和汽车维修技术等级标准，开发制订了汽车维修岗位培训教材编写大纲，并委托云南省交通高级技工学校（国家级重点技校）及所属安大汽车修理厂工程技术人员组成的编写小组完成了轿车维修模块化实训系列教材的编写任务。

本套教材包括《轿车维修基础》、《轿车检测管理》、《轿车故障诊断》和《轿车电气设备维修》四个分册，并配有相应的《实训集》。每个分册由相应职业工种的核心模块组成，各模块包含每人学习课时、学习目标、作用、实训器材、操作步骤与图示、核心理论、学生评价标准、习题及安全操作和技术操作注意事项。本套教材作为理实一体化教学中的实训指导，理论基础知识以够用为度，重点掌握实际操作能力，其中实训内容以图解的方式逐步呈现，图示明确，说明扼要。学生按图索骥，在实践中学习，在学习中实践，能快速掌握汽车维修技术的技巧，并能达到汽车维修中、高级技术工人标准要求。

本套教材是职业院校汽车运用与维修专业师生教学用书，亦可供相关工种职业技能鉴定和转岗就业培训使用。

职业院校在应用本系列教材时，可根据教学的对象、目标和要求，从中选取相应的模块进行学习和训练。教材中的“每人学习课时”为学生的操作时间，在使用中可根据具体情况作相应的调整。与教材配套的《实训集》中，每一个项目与教材中的项目相对应，可用于实训的记录、考核；《实训集》中的“训练并思考”部分可作为学生课后的思考或作业，达到实训与理论知识相衔接的目的。对于实行“学分制”的学校，可根据自己的具体情况确定每个模块或项目所占的学分比重。

使用本教材作为“汽车维修工种职业技能鉴定”时，可从教材和《实训集》中任意选取相应的模块或项目，即可成为一份技能鉴定的题目或试卷。

使用本教材对社会转岗就业人员进行培训时，可根据学员不同需要，从教材中选出相应的模块进行培训，再利用《实训集》进行考核鉴定。

《轿车故障诊断实训集》是轿车维修模块化实训系列教材之一，主要训练学生对轿车在使用过程中产生的故障进行科学，准确地分析，确诊造成故障的真正原因，找到故障的具体部位的能力。内容包括：电子控制燃油喷射系统的检测、电喷发动机故障诊断与排除、离合器故障诊断与排除、手动变速器故障诊断与排除、自动变速器的检测和试验、自动变速器故障诊断与排除、转向系统故障诊断与排除、行驶系统故障诊断与排除、ABS系统的检测、制动系统故障诊断与检测，共计10个模块的实操训练。《轿车故障诊断实训集》中每一个项目与《轿车故障诊断》教材中的项目相对应，可用于实操训练的记录和考核；"训练并思考"部分可作为学生课后的思考或作业，达到实操训练与理论知识相衔接的目的。

本书是云南省交通高级技工学校实施理实一体化教学六年的经验总结和结晶，由该校一线专业教师编写。参加本书编写工作的有：杨勇编写一、二、三模块，刘燕编写模块四，高庆华编写五、六模块，李永吉编写七、八模块，雷玉泉编写九、十模块。全书山云南省交通高级技工学校杨勇担任主编，由山东交通学院吴际璋担任主审。

在本书编写过程中得到了云南省交通厅科教处领导的高度重视和支持，得到了中国汽车维修行业协会、山东交通学院、山东省交通技师学院、浙江省交通技师学院、江苏省交通技师学院、河北省交通技师学院部分专家及教师的指导，在此对他们表示衷心感谢，对所参考著作和文献的作者表示诚挚的谢意。教材中存在的不妥和错误之处，敬请广大读者批评指正。

中国交通教育研究会

二〇〇六年十二月

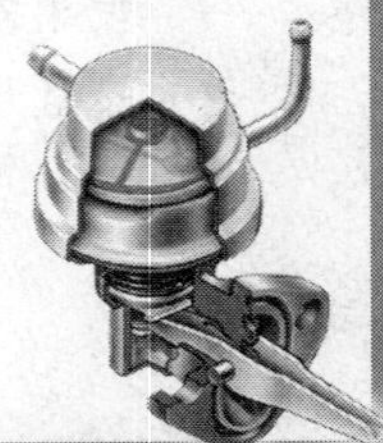

目　录

模块一　电子控制燃油喷射系统的检测

项目1　检修电子控制汽油喷射系统的注意事项、基本方法及程序

得分：

一、训练并思考(70分)

1. 电控系统在________、________、________环境下工作很容易损坏。
2. 发动机在高转速时断开蓄电池的连接，电气系统中将会产生____________。
3. 仪表板上的"CHECK、ENGTNE"灯点亮时，若把蓄电池断开，将会造成____________。
4. 在检修电控系统时，应先____________________。
5. 在车身上进行电弧焊时，应先____________________。
6. 在测试电控系统时，不能用________万用表，应该用________万用表，更不能用____________________测试任何和电脑相连接的电气装置。
7. 在连接蓄电池的连线时，必须注意____________________。
8. 洗车时要注意，不能用水冲洗____________________。
9. 电控系统对汽油的要求是____________、____________。
10. 在断开电器连线的插头插座时，应先松开____________________，以防插接件损坏。
11. 若线路有断路故障，可用________________和________________的方法来确定部位。
12. 若线路有短路故障，可用____________________的方法来确定部位。
13. 对于电喷系统来说，对进气系统的要求是____________________________。
14. 拆卸燃油输油管时应注意____________________________。
15. 安装喷油器时，喷油器的密封圈应当用____________进行润滑。
16. 对电控系统进行故障征兆模拟试验的方法有____________、____________、____________、____________。应用哪种方法，应根据具体____________________________。
17. 故障码诊断法是电控系统基本诊断手段之一，但故障码的显示只能显示出故障的________，不能显示具体的________。当传感器或执行器功能________时，不能显示故障码。
18. 读取故障码的方法有____________和____________。
19. 检修电控燃油喷射系统的基本方法有____________、____________、____________、____________、____________、____________、____________、____________。

二、分析回答(30分)

机械系统发生故障会影响电控系统的正常工作吗？试举两例回答。

项目 2　利用解码器对电子控制燃油喷射系统进行自诊断

得分：

一、训练记录、评分表

时间：　　时　　分至　　时　　分　共　　分钟

序号	作业内容	配分	扣分原因	得分
1	安装连接解码器	5		
2	调取阅读故障码	5		
3	根据故障码提示查找故障	10		
4	清除故障码	5		
5	读取数据流	10		
6	分析数据流	10		
7	根据数据流分析结果判断故障	10		
8	分数总计	55		
备注				

指导教师：　　　　　　　　　　　　年　　月　　日

二、训练并思考(45 分)

1. 当解码器不能显示时,应检查哪些方面的内容?

2. 数据流显示的是发动机在工作过程的________________________。

3. 如何理解“断路”和“对正极短路”一词?

4. 你是如何理解数据流中“λ 调节”和“λ 学习”的? 它们之间有何区别和联系?

项目 3　根据电路图对电子燃油喷射系统电路进行检测

得分：

一、训练记录评分表

时间：　　　时　　　分至　　　时　　　分　共　　　分钟

序号	作业内容	配分	扣分原因	得分
1	对电路图的阅读	20		
2	ECU 传感器、执行器插头拔下，连接	15		
3	根据电路图对电喷系统电路进行检测	50		
4	分数总计	85		
备注				

指导教师：　　　　　　　　　　　　　　年　　月　　日

二、训练并思考(15 分)

1. 在进行电控系统电路检测时，电脑插头采用转接线盒的目的是＿＿＿＿＿＿＿＿＿＿＿＿＿＿＿＿＿＿＿＿＿＿＿＿＿＿＿＿＿＿＿＿＿＿＿＿。

2. 在拔下元件的插头时，一定要先消除插头上的＿＿＿＿＿＿装置，方能拔下插头。

3. 检测线路发现电阻大于标准值时，说明线路有＿＿＿＿或＿＿＿＿故障。

项目 4　燃油供给系统的检测与分析

得分：

一、燃油系统测量记录表

车型或发动机型号：

序号	作业内容	标准值	实测值	处理意见
1	静态油压			
2	怠速油压			
3	全负荷油压			
4	系统保持油压			
5	汽油泵最大油压			
6	燃油泵泵油量			
7	燃油泵电流			

二、训练记录、评分表

时间：　　　　时　　　　分至　　　　时　　　　分　共　　　　分钟

序号	作业内容	配分	扣分原因	得分
1	安装油压表	5		
2	测量燃油系统静态油压	5		
3	测量燃油系统保持油压	5		
4	测量发动机怠速油压	5		
5	测量节气门全开油压	5		
6	测量汽油泵最大油压	5		
7	测量汽油泵泵油量	5		

续上表

序号	作业内容	配分	扣分原因	得分
8	检查燃油滤清器	5		
9	检查燃油泵单向阀	5		
10	检查燃油泵电流	5		
11	检查活性炭罐电磁阀	5		
12	检查燃油箱通风阀	5		
13	分数总计	60		
备注				

指导老师：　　　　　　　　　　　　　　　　　　　年　　月　　日

三、训练并思考(40分)

1. 安装油压表之前,拆下蓄电池负极搭铁线的目的是____________。

2. 一般来讲,油泵最大油压 > 静态油压 > 怠速油压 > 全负荷油压 > 保持油压,请分别给予解释。

3. 如果油泵泵油量过小,其原因有____________、____________、____________三个方面。

4. 如果保持油压保持不住,说明燃油系统有泄漏,泄漏的部位有油管接头泄漏、____________、____________、____________。

项目5　ECU输入、输出信号检测

得分：

一、训练记录、评分表

车型或发动机型号：

时间：　　　时　　　分至　　　时　　　分　共　　　分钟

序号	作业内容	配分	扣分原因	得分
1	ECU供电电压与搭铁	2		
2	霍尔传感器供电电压	2		
3	水温传感器供电电压	2		
4	进气温度传感器供电电压	2		
5	节气门控制单元供电电压	2		
6	1、2、3、4缸喷油器供电电压	2		
7	炭罐电磁阀供电电压	2		
8	氧传感器加热器供电电压	2		
9	ECU记忆保持电源	2		
10	燃油泵继电器控制电压	2		
11	霍尔传感器信号	2		
12	水温传感器信号	2		
13	进气温度传感器信号	2		
14	怠速开关信号	2		
15	节气门位置传感器信号	2		
16	怠速节气门电位计信号	2		
17	1、2缸爆震传感器信号	2		
18	3、4缸爆震传感器信号	2		
19	转速传感器信号	2		
20	空气流量计参考电压信号	2		
21	空气流量计信号	2		
22	氧传感器信号	2		

续上表

序号	作业内容	配分	扣分原因	得分
23	空调开关信号	2		
24	空调压缩机信号	2		
25	车速信号	2		
26	至发动机转速表信号	2		
27	点火线圈 2、3 缸点火控制信号	2		
28	点火线圈 1、4 缸点火控制信号	2		
29	怠速电机控制信号	2		
30	自诊断信号	2		
31	喷油器 1、2、3、4 缸控制信号	2		
32	炭罐电磁阀 N80 控制信号	2		
33	点火线圈工作电压检测	2		
34	空气流量计工作电压检测	2		
35	燃油泵工作电压检测	2		
36	分数总计	70		
备注				

指导教师：　　　　　　　　　　　　　　　　　年　　月　　日

二、训练并思考(30 分)

1. ECU 输入、输出信号检测内容可分为________电压检测，________电压检测，____________电压检测。

2. 在进行 ECU 输入、输出信号检测以前，应进行哪些内容的检查？

3. 进行本项目训练的目的是什么？你有何收获？

模块二　电喷发动机故障诊断与排除

项目 1　发动机不能正常起动

得分：

一、训练记录、评分表

车型或发动机型号：

时间：　　　时　　　分至　　　时　　　分　共　　　分钟

序号	作业内容	配分	扣分原因	得分
1	基本检查	5		
2	检查供油系统	10		
3	检查点火系统	10		
4	检查喷油系统	10		
5	检查转速传感器	5		
6	检查曲轴位置传感器	5		
7	检查水温传感器	5		
8	检查空气流量计或进气压力传感器	5		
9	检查发动机配气系统	5		
10	检查防盗系统	5		
11	检查燃油质量	5		
12	分数总计	70		
备注				

指导教师：　　　　　　　　　　年　　月　　日

二、训练并思考(30 分)

1. 测量蓄电池的电压为什么要在起动发动机的同时进行?

2. 如果燃油泵不工作,应如何进行检查?

3. 根据你所检测的车型,点火控制信号如何检测?

4. 如何检测喷油脉冲信号?

5. 你所检测的汽车是什么故障导致发动机不能正常起动的?

项目 2　发动机怠速过低

得分：

一、训练记录评分表

时间：　　　时　　　分至　　　时　　　分　共　　　分钟

序号	作业内容	配分	扣分原因	得分
1	基本检查	5		
2	检查怠速控制阀系统	10		
3	检查水温传感器	5		
4	检查空气流量计	5		
5	检查进气歧管压力传感器	5		
6	检查供油系统	5		
7	检查废气再循环系统	5		
8	检查活性炭罐清污系统	5		
9	检查氧传感器	5		
10	检查三元催化器和排气温度传感器	5		
11	检查进气温度传感器	5		
12	检查大气压力传感器	5		
13	检查点火系统	5		
14	检查控制单元 ECU	10		
15	分数总计	80		
备注				

指导教师：　　　　　　　　　　　　　　年　　月　　日

二、训练并思考(20 分)

1. 读取故障码一般在发动机处于________________的状态下进行;读取数据流,发动机应处于________________的状态下进行。

2. 对于节气门直动式怠速控制系统,其节气门电位计和怠速节气门电位计在其作用原理上有什么不同?

3. 水温传感器信号是如何影响怠速的?

4. 你所检查的车辆是什么故障导致发动机怠速过低的?

项目 3　发动机怠速过高

得分：

一、训练记录、评分表

车型或发动机型号：

时间：　　　时　　　分至　　　时　　　分　共　　　分钟

序号	作业内容	配分	扣分原因	得分
1	基本检查	5		
2	检查怠速阀控制系统	5		
3	检查节气门位置传感器	5		
4	检查水温传感器	5		
5	检查空气流量计	5		
6	检查进气管真空传感器	5		
7	检查空调信号	5		
8	检查进气温度传感器	5		
9	检查大气压力传感器	5		
10	检查氧传感器	5		
11	检查进气系统是否漏气	5		
12	检查节气门和节气门踏板是否卡滞	5		
13	检查空挡起动挡位开关	5		
14	检查电脑 ECU	5		
15	分数总计	70		
备注				

指导教师：　　　　　　　　　　　　　　　　年　　月　　日

二、训练并思考(30 分)

1. 对于 L 型电喷系统来说,进气管漏气会造成怠速________;对于 D 型电喷系统来说,进气管漏气会造成怠速________。

2. 试解释供油系统燃油压力过高造成怠速过高的道理。

3. 什么叫 ECU 溢洎消除功能?

4. 你所检测的车辆是什么故障导致怠速过高?

项目4　发动机怠速不稳

得分：

一、训练记录、评分表

车型或发动机型号：

时间：　　　时　　　分至　　　时　　　分　共　　　分钟

序号	作业内容	配分	扣分原因	得分
1	基本检查	5		
2	检查怠速控制阀系统	5		
3	检查节气门位置传感器	5		
4	检查配气系统	5		
5	检查空气流量计	5		
6	检查进气管真空传感器	5		
7	检查供油系统	5		
8	检查点火系统	5		
9	检查三元催化器是否堵塞	5		
10	检查 ECU 电源电路	5		
11	检查自动变速器挡位开关	5		
12	检查爆震传感器	5		
13	检查燃油质量	5		
14	检查炭罐及曲轴箱通风系统	5		
15	检查废气再循环系统	5		
16	分数总计	75		
备注				

指导教师：　　　　　　　　　　　　　　　　年　　月　　日

二、训练并思考(25 分)

1. 试叙述三元催化器堵塞造成发动机怠速不稳的原理。

2. 影响点火正时的因素有哪些？如何影响？

3. 哪些因素会造成混合气过稀？

项目 5　进气管回火

得分：

一、训练记录、评分表

车型或发动机型号：
时间：　　　时　　　分至　　　时　　　分　共　　　分钟

序号	作业内容	配分	扣分原因	得分
1	基本检查	5		
2	检查节气门位置传感器	5		
3	检查水温传感器	5		
4	检查空气流量计	5		
5	检查进气管真空传感器	5		
6	检查供油系统	5		
7	检查废气再循环系统	5		
8	检查进气系统是否漏气	5		
9	检查进气温度传感器	5		
10	检查大气压力传感器	5		
11	检查点火系统	5		
12	检查配气正时	5		
13	检查曲轴位置传感器的安装	5		
14	检查氧传感器	5		
15	检查 ECU	5		
16	分数总计	75		
备注				

指导教师：　　　　　　　　　　　　　　　年　　月　　日

二、训练并思考(25 分)

1. 何谓回火?

2. 混合气过稀为何会引起回火现象?

3. 试述点火时刻错误引起回火现象的机理?

项目 6　发动机排气管冒黑烟、“发突”及“放炮”

得分：

一、训练记录、评分表

车型或发动机型号：

时间：　　　时　　　　分至　　　　时　　　　分　共　　　　分钟

序号	作业内容	配分	扣分原因	得分
1	基本检查	5		
2	检查空气流量计	5		
3	检查进气管真空传感器	5		
4	检查水温传感器	5		
5	检查节气门位置传感器	5		
6	检查进气温度传感器	5		
7	检查大气压力传感器	5		
8	检查点火系统	5		
9	检查汽缸压力	5		
10	检查配气正时	5		
11	检查曲轴位置传感器	5		
12	检查喷油器和燃油压力调节器	5		
13	检氧传感器	5		
14	检查 ECU	5		
15	分数总计	70		
备注				

指导教师：　　　　　　　　　　　　　　　　　　年　　月　　日

二、训练并思考(30 分)

1. 发动机排气管冒黑烟是由于____________________所反映的一种现象。

2. 试分析汽缸压力过低导致排管冒黑烟的机理。

3. 对于 D 型 EFI 系统,如果进气管真空传感器的真空管错插在节气门之前,将会导致怠速排管冒黑烟,试说明其道理。

4. 你所检测的发动机是由于什么原因导致排气管冒黑烟的?

项目7　发动机功率下降

得分：

一、训练记录、评分表

车型或发动机型号：

时间：　　　时　　　分至　　　时　　　分　共　　　分钟

序号	作业内容	配分	扣分原因	得分
1	基本检查	4		
2	检查空气流量计	4		
3	检查进气管真空传感器	4		
4	检查节气门位置传感器	4		
5	检查点火系统	4		
6	检查汽缸压力	4		
7	检查供油系统	4		
8	检查配气正时	4		
9	检查制动系统	4		
10	检查进气系统是否漏气	4		
11	检查节气门是否卡滞	4		
12	检查水温传感器	4		
13	检查进气温度传感器	4		
14	检查大气压力传感器	4		
15	检查燃油质量	4		
16	检查爆震传感器	4		
17	检查废气再循环系统	4		
18	检查三元催化器	4		
19	检查氧传感器	4		
20	检查 ECU	4		
21	分数总计	80		
备注				

指导教师：　　　　　　　　　　　　　　　　年　　月　　日

二、训练并思考(20 分)

1. 汽车行驶无力,如何区别故障在发动机还是在制动系?

2. 如果怠速开关出现故障,发动机在运行过程中开关不能断开,发动机会出现何种现象?为什么?

3. EGR 阀在哪些工况下应呈现关闭状态?

4. 配气正时错误将引起哪些系统不能正常工作?

模块三　离合器典型故障诊断与排除

项目1　离合器打滑

得分：

一、训练记录，评分表

时间：　　　时　　　分至　　　时　　　分　共　　　分钟

序号	作业内容	实测值	标准值	调整值	配分	扣分原因	得分
1	检查离合器踏板自由行程				5		
2	检查离合器踏板总高度				5		
3	检查分离轴承和分离叉				5		
4	检查离合器操纵传力机构				10		
5	检查摩擦片铆钉、油污				5		
6	检查从动盘轴向跳动				10		
7	检查分离杠杆				10		
8	检查压盘				5		
9	检查压盘弹簧				5		
10	检查飞轮				10		
11	验证故障排除效果				10		
12	分数总计				80		
备注							

指导教师：　　　　　　　　　　　　年　　月　　日

二、训练并思考(20 分)

1. 离合器踏板自由行程是指____的距离;一般为____________________,若自由行程过小会造成____________________;若自由行程过大会造成____________________。

2. 离合器踏板高度是指____的垂直距离。一般为____________________;若踏板过高会造成____________________,若踏板过低会造成____________________。

3. 离合器操纵机构传动的方式有____________、____________、____________。

4. 压板弹簧退火是由于________________________________原因造成的。

5. 你所检查判断并排除的离合器打滑故障是由于什么原因造成的?

项目 2　离合器分离不彻底

得分：

一、训练记录、评分表

时间：　　　　时　　　　分至　　　　时　　　　分　共　　　　分钟

序号	作业内容	实测值	标准值	调整值	配分	扣分原因	得分
1	检查离合器踏板自由行程				5		
2	检查离合器踏板总高度				5		
3	检查离合器踏板有效行程				5		
4	检查离合器分离推杆				5		
5	检查离合器分离杠杆				5		
6	检查离合器从动盘摩擦片				5		
7	检查离合器从动盘的轴向跳动				5		
8	检查离合器压盘				5		
9	检查飞轮的端面跳动				5		
10	检查发动机与变速器中心线同心度				5		
11	验证故障排除效果				10		
12	分数总计				60		
备注							

指导教师：　　　　　　　　　　　　　　　　　　年　　　月　　　日

二、训练并思考(40 分)

1. 对于液力操纵式,若系统内有空气,会造成离合器分离不彻底,这是因为____。

2. 液压系统泄漏有外漏和内漏两种,对于内漏,其部位主要有____________________、____。

3. 离合器的分离杠杆不在一个平面内会造成____________________________________、____故障。

4. 分析离合器从动盘、飞轮、压盘变形后会造成离合器打滑和分离不彻底的处理。

项目3　离合器发抖

得分：

一、训练记录、评分表

时间：　　　　时　　　　分至　　　　时　　　　分　共　　　　分钟

序号	作业内容	实测值	标准值	调整值	配分	扣分原因	得分
1	检查变速器与飞轮壳固定螺栓				10		
2	检查离合器与飞轮固定螺栓				10		
3	检查发动机的悬置				10		
4	检查离合器从动盘摩擦片铆钉				5		
5	检查离合器从动盘扭转减振器				10		
6	检查离合器从动盘的翘曲变形				5		
7	检查压板膜片弹簧是否退火				5		
8	验证故障排除效果				10		
9	分数总计				65		
备注							

指导教师：　　　　　　　　　　　　　　　　年　　月　　日

二、训练并思考(35分)

1. 离合器从动盘上的扭转减振器的作用是________________________________。

2. 离合器发抖的根源是汽车在起步或换挡后，负荷变化时，____________________和____________________接触不平整造成的。

3. 说明变速器与飞轮壳的固定螺栓，离合器盖与飞轮的固定螺栓松动时造成离合器发抖的机理。

4. 你所检查并排除的离合器发抖故障是由于什么原因造成的？

项目4　离合器异响

得分：

一、训练记录、评分表

时间：　　　　时　　　　分至　　　　时　　　　分 共　　　　分钟

序号	作业内容	实测值	标准值	调整值	配分	扣分原因	得分
1	检查踏板回位弹簧				10		
2	检查分离轴承及其回位弹簧				10		
3	检查变速器第一轴支承轴承				10		
4	检查从动盘摩擦片铆钉				10		
5	检查从动盘扭转减振器				10		
6	检查飞轮紧固螺栓				10		
7	验证故障排除效果				10		
8	分数总计				70		
备注							

指导教师：　　　　　　　　　　　　　　　　年　　月　　日

二、训练并思考(30 分)

1. 离合器分离轴承在________时不转动，在________时转动。
2. 在润滑分离轴承和分离叉时，润滑脂涂抹过多会造成________。
3. 离合器分离轴承支承弹簧的作用是________。
4. 飞轮端变速器第一轴支承轴承在________时转动，在________时不转动。
5. 离合器从动盘摩擦片铆钉松动或外露造成的故障有________、________、________、________。
6. 你所检查并排除的离合器异响故障是由什么原因造成的？

模块四　手动变速器故障诊断与排除

项目1　变速器换挡困难

得分：

一、训练记录评分表

时间：　　　时　　　分至　　　时　　　分　共　　　分钟

序号	作业内容	实测值	标准值	调整值	配分	扣分原因	得分
1	检查变速器齿轮油油量与质量				5		
2	检查变速器的安装及与曲轴的同心度				5		
3	检查变速器控制器				10		
4	检查变速器换挡机构				10		
5	检查同步器的配合及齿环轮齿间隙				5		
6	检查变速器轴的磨损及弯曲变形				10		
7	检查变速器轴支承轴承				5		
8	检查传动齿轮				5		
9	检查齿轮轴承				5		
10	检查变速器壳体及盖				10		
11	验证故障排除效果				10		
12	分数总计				80		
备注							

指导教师：　　　　　　　　　　　　年　　月　　日

二、训练并思考(20 分)

1. 现代轿车手动变速器,一般包括____________机构和____________机构两部份。前者机构的功能是实现____________、____________的数值和方向的改变;后者机构的功能是实现____________。

2. 桑塔纳系列轿车变速器用齿轮油规格为________或________齿轮油。

3. 常见轿车变速控制器检查,弹簧压缩量标准数值为____________ mm,达不到标准数值应调整____________。

4. 变速器换挡机构导致换挡困难的主要原因是机件的____________和____________。

5. 同步器、齿轮、轴承磨损超限将导致换挡________________。

6. 在你的实际操作中,对所检查排除变速器换挡困难故障的原因进行分析。

项目 2　变速器自动脱挡

得分：

一、训练记录评分表

时间：　　　时　　　分至　　　时　　　分　共　　　分钟

序号	作业内容	实测值	标准值	调整值	配分	扣分原因	得分
1	检查变速器总成装固连接可靠				5		
2	检查变速器换挡操纵机构各部位配合				5		
3	检查变速器自锁装置的配合及磨损情况				10		
4	检查自锁弹簧自由长度、弹性、弹力及变形量				5		
5	检查同步器的配合及齿环损坏				10		
6	检查拨叉与滑动齿套的配合				5		
7	检查变速器壳体、轴、轴承的变形和磨损				5		
8	检查变速器轴支承轴承的磨损及损坏				5		
9	验证故障排除效果				10		
10	分数总计				60		
备注							

指导教师：　　　　　　　　　　　年　　月　　日

二、训练并思考(40 分)

1. 变速器自锁装置因机件磨损不能有效起到＿＿＿＿＿＿作用可靠定位，会导致变速器工作中＿＿＿＿＿＿。

2. 接合齿套与轮齿磨损沿齿长方向形成＿＿＿＿＿＿，啮合时产生＿＿＿＿＿＿，迫使啮合齿轮＿＿＿＿＿＿而跳挡。

3. 因变速杆频繁操作易产生＿＿＿＿＿，致使操作件＿＿＿＿＿配合松旷产生跳挡。

4. 变速器支承轴承、齿轮、＿＿＿＿＿＿磨损致配合松旷；变速器轴弯曲变形、变速器壳体＿＿＿＿松动，引起变速器工作中产生＿＿＿＿和＿＿＿＿窜动、＿＿＿＿，形成自动脱挡。

5. 对你实际操作排除“变速器自动跳挡”故障的方法程序进行阐述。

项目3　变速器乱挡

得分：

一、训练记录评分表

时间：　　　时　　　分至　　　时　　　分　共　　　分钟

序号	作业内容	实测值	标准值	调整值	配分	扣分原因	得分
1	就车检查变速器操纵杆各挡间隙行程				5		
2	检查变速器换挡操纵机构				10		
3	检查变速器互锁装置的各部配合及磨损情况				10		
4	检查变速器(内、外)操纵机构各配合部位				5		
5	验证故障排除效果				10		
6	分数总计				40		
备注							

指导教师：　　　　　　　　　　　年　　月　　日

二、训练并思考(60分)

1. 变速器乱挡的主要原因是__________失效。如换挡杆拨动端__________，或换挡杆拨动端内孔__________过大。

2. 互锁装置的拨叉轴互锁销与__________磨损过大，将失去__________作用，而致变速器乱挡。

3. 变速杆能整圈________或________，说明________折断或________，处理方法可________重新调整________。

4. 试按下图分析变速器互锁装置的作用及工作原理。

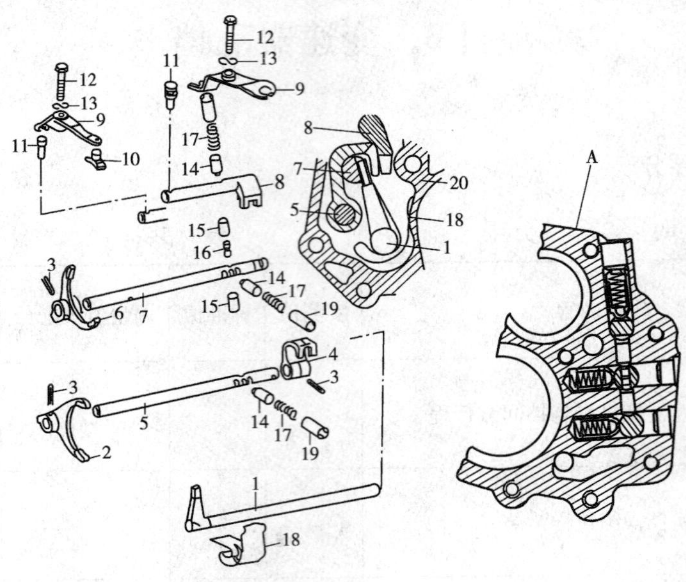

桑塔纳轿车换挡机构—自锁和互锁装置

A-自锁和互锁装置;1-内选挡杆;2-1、2挡拨叉;3-弹性销;4-1、2挡拨块;5-1、2挡拨叉轴;6-3、4挡拨叉;7-3、4挡拨叉轴;8-倒挡拨叉轴;9-倒挡拨叉轴传动杠杆;10-倒挡拨块;11-倒挡拨叉轴传动销;12-螺栓;13-弹性垫圈;14-定位销;15-大互销销;16-小互锁销;17-弹簧;18-内选挡杆复位弹簧;19-弹簧导向套;20-变速器罩壳

项目 4　变速器异响

得分：

一、训练记录评分表

时间：　　　时　　　分至　　　时　　　分　共　　　分钟

序号	作业内容	实测值	标准值	调整值	配分	扣分原因	得分
1	检查变速器的安装连接紧固				5		
2	检查变速器输入轴支承轴承				5		
3	检查变速器传动齿轮				5		
4	检查变速器拨叉与同步器接合套配合间隙				5		
5	检查变速器输出轴后轴承				5		
6	检查该挡齿轮或齿套轮齿磨损				5		
7	检查齿轮副啮合间隙及轮齿表面				5		
8	检查发出响声挡位同步器的磨损及损坏				5		
9	检查齿轮损坏及断裂				5		
10	变速器壳体变形、裂纹				5		
11	变速器壳体倾斜度、平行度检查				5		
12	变速器轴弯曲、花键及轮齿配合的检查				5		
13	主减速器主、从动锥齿磨损、损坏、啮合不良的检查				5		
14	检查变速器润滑油量及油的品质				5		
15	验证故障排除效果				10		
16	分数总计				80		
备注							

指导教师：　　　　　　　　　　　　年　　月　　日

二、训练并思考(20分)

1. 诊断排除变速器异响故障时,应根据响声的________、发响________及响声________进行原因分析,采取相应针对性技术措施。

2. 发动机怠速,变速器空挡时存在异响,踩下离合器响声依旧,主要检查________发响。

3. 变速器各挡均存在异响故障,产生的主要原因是________的装配紧固及________、________。检查必须拆卸________,对变速器________、变速器________等基础大件进行全面检测。

4. 按照变速器异响特征及发响时机,分析讨论并总结出实际解决"变速器异响"故障的基本程序。

模块五　自动变速器的检测和试验

项目1　利用解码器对自动变速器电控系统进行检测

得分：

一、训练记录、评分表

车型或自动变速器型号：

时间：　　　时　　　分至　　　时　　　分　共　　　分钟

序号	作业内容	配分	扣分原因	得分
1	安装连接解码器	5		
2	调取阅读故障码	5		
3	根据故障码提示查找故障	10		
4	清除故障码	5		
5	读取并记录数据流	10		
6	分析数据流	15		
7	根据数据流分析结果判断故障	10		
8	进行基本设定	5		
9	分数总计	65		
备注				

指导教师：　　　　　　　　　　　　　　年　　月　　日

二、训练并思考(35分)

1. 你训练时所用车型自动变速器电控系统的诊断座在什么地方？试举一、两例其他车型诊断座的安装位置。

2. 解释 01M 自动变速器电脑版本号的含义：

01M927733GF：________________________

AG GETRIEBE 01M：________________________

4395：______________；CODING：0 ______________

WSC：________________________。如果读出的电脑版本号与原车控制单元版本号不相符，应________________________。

3. 试画出轿车自动变速器故障自诊断工作流程图。

4. 写出 01M 自动变速器电控系统读取数据流时可选择的显示组号码及显示区内容。

5. 以下图表是在捷达王轿车上实际测得的数据显示组，请分析每一显示组中各数据的含义。

数据流	
组号：	1
换挡杆位置	D
节气门位置传感器电压	1.22V
加速踏板值	10.16%
开关位置	10001010

数据流	
组号：	2
电磁阀 6 实际电流	0.53A
电磁阀 6 规定电流	0.54A
蓄电池电压	13.76V
车速传感器	2.54V

数据流	
组号：	3
车速	0 km/h
发动机转速	1350/min
所选挡位	1H10
加速踏板值	25.78%

数据流	
组号：	4
电磁阀	10100000
所选挡位	0000
换挡杆位置	P
车速	0 km/h

数据流	
组号：	5
自动变速器油温度	86℃
换挡杆	00110010
选择挡位	0010
发动机转速	810/min

数据流	
组号：	7
所选挡位	1
锁止离合器打滑	735/min
发动机转速	810/min
加速踏板值	12.50%

6. 在哪些情形之下，应对自动变速器电控单元进行基本设定？

项目2　利用万用表对自动变速器电控系统进行检测

得分：

一、训练记录、评分表

车型或自动变速器型号：

时间：　　　　时　　　　分至　　　　时　　　　分　共　　　　分钟

序号	作业内容	配分	扣分原因	得分
1	对电路图的阅读	20		
2	自动变速器电控单元 ECU 线束插头拆装	15		
3	根据电路图对自动变速器电控系统进行检测	50		
4	分数总计	85		
备注				

指导教师：　　　　　　　　　　　　　　　　年　　月　　日

二、训练并思考(15 分)

1. 在进行电控系统电路检测时，电脑插头采用转接线盒较好，如果没有转接线盒时，也可＿＿＿＿＿＿＿＿＿＿，但要求＿＿＿＿＿＿＿＿＿＿＿＿＿＿＿＿＿＿＿＿＿＿＿＿＿＿＿＿＿＿。

2. 对线路的导通性进行检测时，通常要求线路之间的电阻小于＿＿＿＿＿＿Ω，如果测得的电阻大于此值，说明线路有可能＿＿＿＿＿＿＿＿＿。

3. 在测量线路或负载的电压时，要求红表笔接＿＿＿＿一端，黑表笔接＿＿＿＿一端。

4. 01M 自动变速器电控系统由 8 个主要的传感器组成，分别是：＿＿。

5. 测量制动灯开关 F 的电压，不踩制动踏板时，应为＿＿＿＿V，踩下制动踏板时，应为＿＿＿＿V。

6. 变速器油温传感器是一个＿＿＿＿电阻，阻值随着 ATF 温度的＿＿＿＿而降低。

7. 训练过程中，你还有什么疑问？

项目 3　自动变速器基础检验

得分：

一、训练记录、评分表

注：下表中有些车型自动变速器无某项作业内容时，该项分值算在训练思考题上。

车型或自动变速器型号：

时间：　　　　时　　　　分至　　　　时　　　　分　共　　　　分钟

序号	作业内容	配分	扣分原因	得分
1	检查自动变速器油面高度	10		
2	检查自动变速器油质	10		
3	检查漏油情况	5		
4	检查发动机怠速	5		
5	节气门拉索的检查调整	15		
6	变速杆位置的检查调整	10		
7	挡位开关的检查调整	10		
8	超速挡开关的检验	5		
9	分数总计	70		
备注				

指导教师：　　　　　　　　　　　　　　　　　年　　月　　日

二、训练并思考(30 分)

1. 自动变速器油面高度的检查目的是：____

____

____

____。

2. 请分析使用过的各类自动变速器油质状况并说明其变化的原因。

3. 检查液压控制系统漏油的目的是：____。

4. 检查发动机怠速的目的是：____。

5. 检查节气门拉索的目的是：____。

6. 检查变速杆位置的目的是：____。

7. 检查挡位开关的目的是：____。

8. 超速挡开关检验的目的是：____。

9. 训练过程中你还有什么疑问？

项目4　失速试验

得分：

一、测试结果记录表

车型或自动变速器型号：

序号	变速杆位置	标准值	实测值
1	D位		
2	3位		
3	S(或2)位		
4	L(或1)位		
5	R位		

二、训练记录、评分表

时间：　　时　　分至　　时　　分　共　　分钟

序号	作业内容	配分	扣分原因	得分
1	试验前的准备工作	5		
2	D位失速试验	15		
3	3位失速试验	15		
4	S(或2)位失速试验	15		
5	L(或1)位失速试验	15		
6	R位失速试验	15		
7	试验结束后的工作	5		
8	分数总计	85		
备注				

指导教师：　　　　　　　　年　　月　　日

三、训练并思考(15 分)

1. 失速试验的目的是:____
____
____
____
____。

2. 失速试验注意事项:____
____
____
____
____
____
____。

3. 分析测试结果。

项目5　时滞试验

得分：

一、测试结果记录表

车型或自动变速器型号：

序号	作业内容	实测值	平均值	标准值
1	N－D 第一次			
2	N－D 第二次			
3	N－D 第三次			
4	N－R 第一次			
5	N－R 第二次			
6	N－R 第三次			

二、训练记录、评分表

时间：　　时　　分至　　时　　分　共　　分钟

序号	作业内容	配分	扣分原因	得分
1	试验前的准备工作	5		
2	N－D 试验	40		
3	N－R 试验	40		
4	分数总计	85		
备注				

指导教师：　　　　　　　　　　　年　　月　　日

三、训练并思考(15 分)

1. 时滞试验的目的是：____。

2. 解释时滞时间：____

____

____

____。

3. 大部分自动变速器 N→D 时滞时间为________ s，N→R 时滞时间为________ s。时滞时间过长的原因有：____

____

____

____。

4. 分析测试结果。

项目6　液压试验

得分：

一、测试结果记录表

注:下表中有些车型自动变速器无某项作业内容时,该项目不填表。

车型或自动变速器型号：

序号	作业内容	测试状态	标准值	实测值
1	主油路油压			
2	调速器油压			
3	各挡离合器油压			

二、训练记录、评分表

注:下表中有些车型自动变速器无某项作业内容时,该项分值算在训练思考题上。

时间：　　时　　分至　　时　　分　共　　分钟

序号	作业内容	配分	扣分原因	得分
1	试验前的准备工作	10		
2	主油路油压测试	30		
3	调速器油压测试	15		
4	各挡离合器油压测试	20		
5	分数总计	75		
备注				

指导教师：　　　　　　　　　　　年　　月　　日

三、训练并思考(25 分)

1．液压试验的目的是：____。

2．试述引起主油路油压不正常的原因。

3．试述调速器油压不正常的原因。

4．进行液压试验时应注意哪些问题?

5. 分析测试结果。

项目7　道路试验

得分：

一、训练记录、评分表

车型或自动变速器型号：

时间：　　　时　　　分至　　　时　　　分　共　　　分钟

序号	作业内容	配分	扣分原因	得分
1	手动换挡试验	10		
2	升挡试验	15		
3	升挡车速的检查	10		
4	升挡时发动机转速的检查	10		
5	换挡质量检查	10		
6	锁止离合器工作状况检查	10		
7	发动机制动作用的检查	10		
8	强制降挡功能检查	10		
9	分数总计	85		
备注				

指导教师：　　　　　　　　　　　　年　　月　　日

二、训练并思考(15分)

1．手动换挡试验的目的是：____

____。

2．道路试验的目的是：____

____。

3．列举道路试验检查项目并叙述检查目的。

模块六 自动变速器故障诊断与排除

项目 1 无前进挡和倒挡

得分:

一、训练记录、评分表

车型或自动变速器型号:

时间: 时 分至 时 分 共 分钟

序号	作业内容	配分	扣分原因	得分
1	检查自动变速器油面高度	5		
2	检查手动阀工作情况	5		
3	检查变速杆的安装连接情况	5		
4	检查主油路油压	10		
5	拆检阀体	20		
6	拆检停车闭锁爪	10		
7	检查进气管真空传感器	5		
8	检查液力变矩器的安装	5		
9	拆检变速器行星齿轮传动机构	20		
10	分数总计	85		
备注				

指导教师: 年 月 日

二、训练并思考(15 分)

1. 试进行自动变速器油严重泄漏引起无前进挡和倒挡的机理分析。

2. 变速杆和手动阀摇臂之间的__________松脱，手动阀保持在__________或__________位置，会导致无前进挡和倒挡。

3. 试进行油泵损坏造成无前进挡和倒挡的机理分析。

4. 液力变矩器安装不到位时，车辆为何不能行驶？

5. 你所检查的自动变速器是什么故障造成车辆不能行驶的？说说你的诊断步骤及故障排除程序。

项目2　无前进挡

得分：

一、训练记录、评分表

车型或自动变速器型号：

时间：　　时　　分至　　时　　分　共　　分钟

序号	作业内容	配分	扣分原因	得分
1	变速杆拉索（拉杆）的检查调整	10		
2	进行故障自诊断	10		
3	检查前进单向超越离合器	15		
4	检查主油路油压	15		
5	检查前进离合器油路	15		
6	检查前进离合器	15		
7	分数总计	80		
备注				

指导教师：　　　　　　年　　月　　日

二、训练并思考（20分）

1. 前进单向超越离合器__________或__________时，将导致车辆无前进挡故障。

2. 为区分是电路原因还是机械、油路原因导致车辆无前进挡故障，应进行__________试验。

3. 当01N自动变速器出现无前进挡故障时，电气方面的检测应将重点放在对________、________、________的控制电磁阀________、________、________性能检测上。

4. 你所检查的自动变速器是什么故障造成车辆无前进挡的？说说你的诊断步骤及故障排除程序。

项目3　无　倒　挡

得分：

一、训练记录、评分表

车型或自动变速器型号：

时间：　　　　时　　　　分至　　　　时　　　　分　共　　　　分钟

序号	作业内容	配分	扣分原因	得分
1	检查变速杆联动机构	10		
2	检查倒挡油路	35		
3	检查倒挡离合器、制动器	35		
4	分数总计	80		
备注				

指导教师：　　　　　　　　　　　　　　　　年　　月　　日

二、训练并思考(20分)

1. 倒挡油路严重泄漏造成无倒挡的机理为：____。

2. 01N自动变速器出现无倒挡故障时，对于电气部分，应重点检查____________电磁阀的工作情况及导线连接情况。

3. 你所检查的自动变速器是什么故障造成车辆无倒挡的？说说你的诊断步骤及故障排除程序。

项目4　不能自动升挡

得分：

一、训练记录、评分表

车型或自动变速器型号：

时间：　　　时　　　分至　　　时　　　分　共　　　分钟

序号	作业内容	配分	扣分原因	得分
1	节气门拉索的检查调整	10		
2	电气部分的检查	30		
3	检查换挡阀	15		
4	检查前进离合器、制动器	25		
5	分数总计	80		
备注				

指导教师：　　　　　　　　　　　　　年　　月　　日

二、训练并思考(20分)

1. 试进行车速传感器故障导致车辆不能自动升挡的机理分析。

2. 试进行挡位开关故障导致车辆不能自动升挡的机理分析。

3. 你所检查的自动变速器是什么故障造成车辆不能自动升挡的？说说你的诊断步骤及故障排除程序。

项目 5　不能自动降挡

得分：

一、训练记录，评分表

车型或自动变速器型号：

时间：　　　时　　　分至　　　时　　　分　共　　　分钟

序号	作业内容	配分	扣分原因	得分
1	节气门拉索的检查调整	10		
2	检查电控系统	30		
3	检查换挡阀	15		
4	检查倒挡离合器、制动器	25		
5	分数总计	80		
备注				

指导教师：　　　　　　　　　　　　　　年　　月　　日

二、训练并思考(20 分)

1. 解释自动变速器控制单元失效保护功能的概念。详细分析自动变速器控制单元在各种情况下的失效保护功能。

2. 你所检查的自动变速器是什么故障造成车辆不能自动降挡的？说说你的诊断步骤及故障排除程序。

项目6　升挡、降挡时滞过长

得分：

一、训练记录、评分表

车型或自动变速器型号：

时间：　　　时　　　分至　　　时　　　分 共　　　分钟

序号	作业内容	配分	扣分原因	得分
1	检查节气门拉索	10		
2	检查节气门位置传感器	10		
3	检查主油路油压	15		
4	检查电控系统	25		
5	检查离合器、制动器	25		
6	分数总计	85		
备注				

指导教师：　　　　　　　　　　　　年　　月　　日

二、训练并思考(15分)

1. 升挡时滞过长的故障现象为：____。降挡时滞过长的故障现象为：____。

2. 节气门拉索过__________(紧、松)会导致升挡时滞过长。

3. 离合器、制动器间隙过__________(大、小)会导致升挡时滞过长。

4. 你所检查的自动变速器是什么故障造成车辆升挡(或降挡)时滞过长的？说说你的诊断步骤及故障排除程序。

项目7　直接挡无力

得分：

一、训练记录、评分表

车型或自动变速器型号：

时间：　　　时　　　分至　　　时　　　分　共　　　分钟

序号	作业内容	配分	扣分原因	得分
1	检查发动机功率	10		
2	检查节气门拉索	5		
3	检查节气门位置传感器及其连接导线	5		
4	检查油平面	5		
5	检查变速器油温传感器及其连接导线	5		
6	检查换挡阀	10		
7	检查换挡电磁阀及其连接导线	15		
8	检查直接挡油路	10		
9	检查直接挡离合器、制动器	15		
10	检查液力变矩器	5		
11	分数总计	85		
备注				

指导教师：　　　　　　　　　　　　　　　　　年　　月　　日

二、训练并思考(15分)

1. 对具备四个前进挡的自动变速器，通常第__________挡是直接挡。

2．变速器油温传感器故障为何会造成直接挡无力？油温传感器信号过大的原因有哪些？

3．液力变矩器内____________________功能失效时会造成直接挡无力，原因是：________
____。

4．01M 自动变速器调节锁止离合器油压的电磁阀是____________________。

5．当车辆出现直接挡无力故障时，你如何判断是发动机方面的原因还是自动变速器方面的原因所致？

6．你所检查的自动变速器是什么故障造成车辆直接挡无力的？说说你的诊断步骤及故障排除程序。

项目 8　空挡汽车爬行

得分：

一、训练记录、评分表

车型或自动变速器型号：

时间：　　　时　　　分至　　　时　　　分　共　　　分钟

序号	作业内容	配分	扣分原因	得分
1	检查调整发动机怠速	10		
2	检查调整变速杆拉索	10		
3	检查调整挡位开关	10		
4	检修换挡阀	15		
5	检修换挡电磁阀及其连接导线	10		
6	检查离合器、制动器	30		
7	分数总计	85		
备注				

指导教师：　　　　　　　　　　　　　　　　年　　月　　日

二、训练并思考(15 分)

1. 变速杆拉索安装调整不当导致汽车空挡爬行的机理是：____。

2. 离合器、制动器间隙过____________(大、小)会导致汽车空挡爬行。

3. 简述活塞上单向阀球(止逆球)的作用。

4. 你所检查的自动变速器是什么故障造成车辆空挡爬行的？说说你的诊断步骤及故障排除程序。

5. 训练中你还发现什么问题？

项目9　换挡冲击

得分：

一、训练记录、评分表

车型或自动变速器型号：

时间：　　　时　　　分至　　　时　　　分　共　　　分钟

序号	作业内容	配分	扣分原因	得分
1	检查发动机怠速	5		
2	检查节气门拉索、检查节气门位置传感器	10		
3	检查离合器、制动器	20		
4	检查主油路调压阀	10		
5	检查单向阀球	10		
6	检查减振器	10		
7	检查油压电磁阀	10		
8	检查变速器油温传感器及其连接导线	5		
9	发动机电脑和自动变速器电脑的匹配	5		
10	分数总计	85		
备注				

指导教师：　　　　　　　　　　　　　　年　　月　　日

二、训练并思考(15分)

1. 换挡冲击的故障现象包括____。

2. 试进行主油路调压阀故障导致车辆换挡冲击的机理分析。

3. 试进行阀体中单向阀球漏装导致车辆换挡冲击的机理分析。

4. 发动机怠速过____________(高、低)可能导致换挡冲击。原因是____。

5. 你所检查的自动变速器是什么故障造成换挡冲击的？说说你的诊断步骤及故障排除程序。

6. 训练过程中你还有什么疑问吗？

模块七　转 向 系 统

项目 1　转 向 沉 重

得分：

一、检测记录表

车型：

序号	作业内容			标准值	实测值	处理意见
1	检查转向助力油泵皮带张紧度					
2	检查液压助力系统油压					
3	检查转向器转动阻力					
4	检查轮胎气压					
5	检查转向车轮定位	左	前束值			
			外倾角			
			内倾角			
			后倾角			
		右	前束值			
			外倾角			
			内倾角			
			后倾角			

二、训练记录、评分表

时间：　　　时　　　分至　　　时　　　分　共　　　分钟

序号	作业内容	配分	扣分原因	得分
1	检查储油罐油量及油质	5		
2	检查助力泵皮带张紧度	5		
3	排除液压系统中空气	5		
4	检测液压系统油压	10		
5	检查转向器转动阻力	5		
6	检查转向装置	5		
7	检查横拉杆及球销	5		

续上表

序号	作业内容	配分	扣分原因	得分
8	检查轮胎气压	5		
9	检查悬架、减振器	5		
10	检测车轮定位	10		
11	分数总计	60		
备注				

指导教师：　　　　　　　　　　　　　　　　年　　月　　日

三、训练并思考(40 分)

1. 液压转向助力系统的液压油泵驱动皮带调整过松或____________________、磨损而打滑时,会导致____________________。

2. 液压油泵内泄严重时,其输出油量____________,油压____________。

3. 如何诊断和排除机械式齿轮齿条转向系统“转向沉重”故障?

4. 写出液压助力转向系“转向沉重”故障诊断的故障树。

项目2　转向“发飘”

得分：

一、检测记录表

车型：

<table>
<tr><th>序号</th><th colspan="3">作业内容</th><th>标准值</th><th>实测值</th><th>处理意见</th></tr>
<tr><td>1</td><td colspan="3">检查轮胎气压</td><td></td><td></td><td></td></tr>
<tr><td>2</td><td colspan="3">检查转向盘自由行程</td><td></td><td></td><td></td></tr>
<tr><td>3</td><td colspan="3">检查轮毂轴承间隙</td><td></td><td></td><td></td></tr>
<tr><td rowspan="8">4</td><td rowspan="8">检查转向车轮定位</td><td rowspan="4">左</td><td>前束值</td><td></td><td></td><td></td></tr>
<tr><td>外倾角</td><td></td><td></td><td></td></tr>
<tr><td>内倾角</td><td></td><td></td><td></td></tr>
<tr><td>后倾角</td><td></td><td></td><td></td></tr>
<tr><td rowspan="4">右</td><td>前束值</td><td></td><td></td><td></td></tr>
<tr><td>外倾角</td><td></td><td></td><td></td></tr>
<tr><td>内倾角</td><td></td><td></td><td></td></tr>
<tr><td>后倾角</td><td></td><td></td><td></td></tr>
</table>

二、训练记录、评分表

时间：　　　时　　　分至　　　时　　　分　共　　　分钟

序号	作业内容	配分	扣分原因	得分
1	检查轮胎气压	5		
2	检查转向器安装	5		
3	检查转向盘自由行程	10		
4	检查轮毂轴承锁紧螺母	5		
5	检查轮毂轴承间隙	10		
6	检查车轮转动情况	5		
7	检测转向轮定位	10		
8	分数总计	50		
备注				

指导教师：　　　　　　　　　　　　年　　月　　日

三、训练并思考(50 分)

1. 举升汽车,用手转动车轮,若车轮转动阻力过大时,可能存在轮毂轴承____________、润滑不良、____________或____________发咬的故障。

2. 转向器齿轮和齿条磨损而补偿弹簧张力不足,会造成转向器传动副__________,转向盘自由行程____________。

3. 汽车有转向“发飘”故障时,行驶过程中有哪些症状?

项目3　转向盘振抖

得分：

一、检测记录表

车型：

序号	作业内容	标准值	实测值	处理意见
1	检查轮胎气压			
2	检查转向盘自由行程			
3	检查轮毂轴承间隙			
4	检查车轮动平衡			

二、训练记录、评分表

时间：　　时　　分至　　时　　分　共　　分钟

序号	作业内容	配分	扣分原因	得分
1	检查储油罐液压油油量油质	5		
2	检查转向盘自由行程	10		
3	检查悬架弹簧、减振器	10		
4	检查轮胎气压	5		
5	检查车轮跳动	10		
6	检查轮毂轴承间隙	10		
7	检测车轮动平衡	10		
8	分数总计	60		
备注				

指导教师：　　　　　　　　　　年　　月　　日

三、训练并思考(40 分)

1. 车轮动平衡量超过技术要求时,汽车行驶中高速旋转的车轮会产生周期性变化的____________和____________,引起转向盘振抖。

2. 机械转向系统机件配合间隙过大、磨损____________或连接____________都将会引起____________。

3. 简要分析引起转向盘振抖的故障原因。

4. 写出转向盘振抖故障诊断的故障树。

模块八 行驶系统

项目 1 汽车行驶中车身摆振

得分：

一、检测记录表

车型：

<table>
<tr><th>序号</th><th colspan="4">作业内容</th><th>标准值</th><th>实测值</th><th>处理意见</th></tr>
<tr><td>1</td><td colspan="4">检查轮胎气压</td><td></td><td></td><td></td></tr>
<tr><td>2</td><td colspan="4">检查转向盘自由行程</td><td></td><td></td><td></td></tr>
<tr><td>3</td><td colspan="4">检查轮毂轴承间隙</td><td></td><td></td><td></td></tr>
<tr><td>4</td><td colspan="4">检查车轮动平衡</td><td></td><td></td><td></td></tr>
<tr><td rowspan="12">5</td><td rowspan="12">车轮定位</td><td rowspan="8">前轮</td><td rowspan="4">左</td><td>前束值</td><td></td><td></td><td></td></tr>
<tr><td>外倾角</td><td></td><td></td><td></td></tr>
<tr><td>内倾角</td><td></td><td></td><td></td></tr>
<tr><td>后倾角</td><td></td><td></td><td></td></tr>
<tr><td rowspan="4">右</td><td>前束值</td><td></td><td></td><td></td></tr>
<tr><td>外倾角</td><td></td><td></td><td></td></tr>
<tr><td>内倾角</td><td></td><td></td><td></td></tr>
<tr><td>后倾角</td><td></td><td></td><td></td></tr>
<tr><td rowspan="4">后轮</td><td rowspan="2">左</td><td>前束值</td><td></td><td></td><td></td></tr>
<tr><td>外倾角</td><td></td><td></td><td></td></tr>
<tr><td rowspan="2">右</td><td>前束值</td><td></td><td></td><td></td></tr>
<tr><td>外倾角</td><td></td><td></td><td></td></tr>
</table>

二、训练记录、评分表

时间：　　　时　　　分至　　　时　　　分　共　　　分钟

序号	作业内容	配分	扣分原因	得分
1	检查轮胎气压、磨损、平衡块	5		
2	检查轮胎锁紧螺母	2		
3	检查轮毂锁紧螺母	3		
4	检查转向盘自由行程	10		
5	检查轮毂轴承间隙	10		
6	检查横向稳定杆	5		
7	检查下控制臂及球销	5		
8	检测车轮动平衡	10		
9	检测车轮定位	10		
10	分数总计	50		
备注				

指导教师：　　　　　　　　　　　　　　　　年　　月　　日

三、训练并思考(50分)

1. 汽车在低于____________以下行驶即感到转向盘不稳、摆头等现象称低速摆振，故障诊断时应主要检查转向器、____________、____________等部件因磨损、连接、调整等原因而造成间隙过大、松旷。

2. 就车检查车轮动平衡时，使被检车轮悬空，转动车轮后待其自行停下，在轮辋________作出标记，重复2～3次，若每次车轮停止时标记均处于同一位置，说明车轮不平衡，调整时应在________装平衡块，通常车轮动态不平衡量在轮辋边缘上不大于________g。

3. 诊断后轮驱动汽车的“摆振”故障时，除检查转向系、行驶系外还应检查传动系的________、________等。

4. 写出后轮驱动汽车行驶“摆振”的故障诊断故障树。

项目2　汽车行驶跑偏及侧滑

得分：

一、检测记录表

车型：

<table>
<tr><th>序号</th><th colspan="4">作业内容</th><th>标准值</th><th>实测值</th><th>处理意见</th></tr>
<tr><td>1</td><td colspan="4">检查轮胎气压</td><td></td><td></td><td></td></tr>
<tr><td>2</td><td colspan="4">检查左右两侧高度</td><td></td><td></td><td></td></tr>
<tr><td rowspan="12">3</td><td rowspan="12">检查车轮定位</td><td rowspan="8">前轮</td><td rowspan="4">左</td><td>前束值</td><td></td><td></td><td></td></tr>
<tr><td>外倾角</td><td></td><td></td><td></td></tr>
<tr><td>内倾角</td><td></td><td></td><td></td></tr>
<tr><td>后倾角</td><td></td><td></td><td></td></tr>
<tr><td rowspan="4">右</td><td>前束值</td><td></td><td></td><td></td></tr>
<tr><td>外倾角</td><td></td><td></td><td></td></tr>
<tr><td>内倾角</td><td></td><td></td><td></td></tr>
<tr><td>后倾角</td><td></td><td></td><td></td></tr>
<tr><td rowspan="4">后轮</td><td rowspan="2">左</td><td>前束值</td><td></td><td></td><td></td></tr>
<tr><td>外倾角</td><td></td><td></td><td></td></tr>
<tr><td rowspan="2">右</td><td>前束值</td><td></td><td></td><td></td></tr>
<tr><td>外倾角</td><td></td><td></td><td></td></tr>
</table>

二、训练记录、评分表

时间：　　　时　　　分至　　　时　　　分　共　　　分钟

<table>
<tr><th>序号</th><th>作业内容</th><th>配分</th><th>扣分原因</th><th>得分</th></tr>
<tr><td>1</td><td>检查轮胎气压、规格、花纹、磨损</td><td>5</td><td></td><td></td></tr>
<tr><td>2</td><td>检查汽车左右两侧高度</td><td>5</td><td></td><td></td></tr>
<tr><td>3</td><td>检查减振弹簧、减振器</td><td>10</td><td></td><td></td></tr>
<tr><td>4</td><td>检查车轮及轮毂轴承锁紧螺母</td><td>5</td><td></td><td></td></tr>
<tr><td>5</td><td>检查车轮转动情况</td><td>5</td><td></td><td></td></tr>
<tr><td>6</td><td>检查车架、下控制臂</td><td>10</td><td></td><td></td></tr>
<tr><td>7</td><td>检测车轮定位</td><td>10</td><td></td><td></td></tr>
<tr><td>8</td><td>分数总计</td><td>50</td><td></td><td></td></tr>
<tr><td>备注</td><td colspan="4"></td></tr>
</table>

指导教师：　　　　　　　　　　　　　年　　月　　日

三、训练并思考(50 分)

1. 诊断汽车行驶跑偏故障时,汽车行驶一定里程后用手触摸跑偏一侧的制动鼓和轮毂,若温度高(过热),说明________________或________________。

2. 汽车左右两侧轴距相差过大,若右侧轴距大于左侧时,汽车行驶中会出现________________现象且将向________________跑偏。

3. 就车检查减振器性能时,若汽车行驶一定里程后,用手触摸减振器外壳温度未见升高,说明减振器________________。

4. 简要分析左侧转向轮外倾角大于右侧转向轮外倾角时汽车行驶跑偏的机理及跑偏方向。

项目3　轮胎异常磨损

得分：

一、检测记录表

车型：

<table>
<tr><th>序号</th><th colspan="4">作业内容</th><th>标准值</th><th>实测值</th><th>处理意见</th></tr>
<tr><td>1</td><td colspan="4">检查轮胎气压</td><td></td><td></td><td></td></tr>
<tr><td>2</td><td colspan="4">检查轮毂轴承间隙</td><td></td><td></td><td></td></tr>
<tr><td>3</td><td colspan="4">检查车轮跳动</td><td></td><td></td><td></td></tr>
<tr><td rowspan="12">4</td><td rowspan="12">检查车轮定位</td><td rowspan="8">前轮</td><td rowspan="4">左</td><td>前束值</td><td></td><td></td><td></td></tr>
<tr><td>外倾角</td><td></td><td></td><td></td></tr>
<tr><td>内倾角</td><td></td><td></td><td></td></tr>
<tr><td>后倾角</td><td></td><td></td><td></td></tr>
<tr><td rowspan="4">右</td><td>前束值</td><td></td><td></td><td></td></tr>
<tr><td>外倾角</td><td></td><td></td><td></td></tr>
<tr><td>内倾角</td><td></td><td></td><td></td></tr>
<tr><td>后倾角</td><td></td><td></td><td></td></tr>
<tr><td rowspan="4">后轮</td><td rowspan="2">左</td><td>前束值</td><td></td><td></td><td></td></tr>
<tr><td>外倾角</td><td></td><td></td><td></td></tr>
<tr><td rowspan="2">右</td><td>前束值</td><td></td><td></td><td></td></tr>
<tr><td>外倾角</td><td></td><td></td><td></td></tr>
</table>

二、训练记录、评分表

时间：　　　时　　　分至　　　时　　　分　共　　　分钟

序号	作业内容	配分	扣分原因	得分
1	检查轮胎磨损	5		
2	检查轮胎气压	5		
3	检查车轮动平衡块	5		
4	检查轮毂轴承间隙	10		
5	检查悬架、下控制臂	5		
6	检测车轮跳动	10		
7	检测车轮定位	10		
8	分数总计	50		
备注				

指导教师：　　　　　　　　年　　月　　日

三、训练并思考(50 分)

1. 轮胎出现异常磨损而需要更换时,同一车桥两侧轮胎应同时更换,且必须换用符合车型规定的相同规格、____________、____________的轮胎。

2. 汽车轮胎换位方法主要____________和____________两种。轮胎换位时应按车型规定的换位方法进行,且应注意____________轮胎不能作转向轮。

3. 简要分析前轮前束值过大对轮胎异常磨损的影响。

4. 简要分析轮毂轴承锁紧螺母松动对轮胎异常磨损的影响。

项目 4　行驶系异响

得分：

一、检测记录表

车型：

序号	作业内容	标准值	实测值	处理意见
1	检查轮毂轴承间隙			
2	检查车轮动平衡			
3	检查减振器性能			
4	检查悬架弹簧高度			

二、训练记录、评分表

时间：　　　时　　　分至　　　时　　　分　共　　　分钟

序号	作业内容	配分	扣分原因	得分
1	检查车轮、轮毂锁紧螺母	5		
2	检查轮毂轴承间隙	10		
3	检查横向稳定杆	5		
4	检查下控制臂及球销	5		
5	检查悬架、减振器	10		
6	检测车轮动平衡	10		
7	检查传动轴、万向节	5		
8	分数总计	50		
备注				

指导教师：　　　　　　　　　　　　　　年　　月　　日

三、训练并思考(50 分)

1. 汽车在不平的路面上行驶时,车身____________,并连续的____________,有时在一定车速范围内会发生____________现象,则可诊断为减振器失效。

2. 汽车在行驶过程中转动转向盘时,车轮部位发出异常响声,通常是由于轮毂轴承____________或____________松旷所致。

3. 车轮不平衡量过大、轮胎轮辋变形使车轮轴向、径向跳动量过大,汽车行驶中除引起转向盘振抖、车身摆振外,还会引起____________噪声异常。

4. 简述如何诊断减振弹簧异响故障。

模块九 ABS 系统的检测

项目 1 利用解码器对 ABS 系统进行检测

得分：

一、训练记录、评分表

时间：　　　时　　　分至　　　时　　　分　共　　　分钟

序号	作业内容	配分	扣分原因	得分
1	安装连接解码器	5		
2	调取阅读故障码	5		
3	根据故障码提示分析故障	15		
4	读取数据流	5		
5	分析数据流	15		
6	根据数据流分析结果判断故障	15		
7	检查 ABS ECU 编码	10		
8	分数总计	70		
备注				

指导教师：　　　　　　　　　　　　　　　　年　　月　　日

二、训练并思考(30 分)

1. 装备有 ABS 的汽车与未装备 ABS 的汽车比较，有何优点？

2. ABS 系统故障诊断与检测的条件是什么？

3. 你是如何从第 1、2 组数据流中判断出故障所在车轮的？请举例说明。

4. 什么时候应对 ABS ECU 进行编码？如果第一次编码错误后应怎么办？

项目2　利用万用表对ABS系统电路进行检测

得分：

一、ABS系统检测记录表

时间：　　时　　分至　　时　　分　共　　分钟

序号	作业内容	标准值	实测值	处理意见
1	系统电压			
2	ECU插头4与11端子间电阻值			
3	左前轮转速传感器电阻值			
4	ECU插头3与18端子间电阻值			
5	右前轮转速传感器电阻值			
6	ECU插头2与10端子间电阻值			
7	左后轮转速传感器电阻值			
8	ECU插头1与17端子间电阻值			
9	右后轮转速传感器电阻值			
10	左前轮转速传感器电压值			
11	右前轮转速传感器电压值			
12	左后轮转速传感器电压值			
13	右后轮转速传感器电压值			
14	ABS ECU供电端子电压			
15	回油泵电动机供电电压			
16	电磁阀的供电电压			
17	制动灯开关断开电压			
18	制动灯开关接通电压			
19	编码跨接线电阻值			
结果分析				

二、训练记录、评分表

时间：　　　时　　　分至　　　时　　　分　共　　　分钟

序号	作业内容	配分	扣分原因	得分
1	系统电压检测	2		
2	ECU 插头 4、11 端子间电阻值检测	2		
3	左前轮转速传感器电阻值检测	5		
4	ECU 插头 2 与 10 端子间电阻值检测	2		
5	右前轮转速传感器电阻值检测	5		
6	ECU 插头 2 与 10 端子间电阻值检测	2		
7	左后轮转速传感器电阻值检测	5		
8	ECU 插头 1 与 17 端子间电阻值检测	2		
9	右后轮转速传感器电阻值检测	5		
10	左前轮转速传感器电压值检测	5		
11	右前轮转速传感器电压值检测	5		
12	左后轮转速传感器电压值检测	5		
13	右后轮转速传感器电压值检测	5		
14	ABS ECU 供电端子电压检测	5		
15	回油泵电动机供电电压检测	5		
16	电磁阀的供电电压检测	5		
17	制动灯开关断开电压检测	2		
18	制动灯开关接通电压检测	3		
19	编码跨接线电阻值检测	5		
20	分数总计	75		
备注				

指导教师：　　　　　　　　　　　　　　　年　　月　　日

三、训练并思考(25 分)

1. 在进行电控系统电路检测时,万用表笔只可轻轻插入端子即可,不可____________,否则会使____________,造成____________与插座端子____________。

2. 在拔下元件的插头时,一定要先消除插头上的____________装置,方能拔下插头。

3. 检测线路发现电阻大于标准值时,说明线路有____________或____________故障。

4. 利用万用表对 ABS 系统电路进行检测并排除故障之后,是否能保证 ABS 系统能正常使用?若不能正常使用请说明原因,并提出解决方案。

模块十　制动系统故障诊断与排除

项目1　制动不灵

得分：

一、训练记录、评分表

时间：　　时　　分至　　时　　分 共　　分钟

序号	作业内容	配分	扣分原因	得分
1	基本检查	5		
2	车轮转速传感器的检查	20		
3	ABS ECU 编码短接线检查	5		
4	ABS ECU 供电端子电压检查	10		
5	ABS 液压泵检查	5		
6	制动灯开关检查	5		
7	常规制动系统故障判断	10		
8	常规制动系统故障检查	5		
9	检查发动机配气系统	10		
10	分数总计	75		
备注				

指导教师：　　　　　　　　年　　月　　日

二、训练并思考(25 分)

1. 当汽车出现制动不灵故障,但 ABS 故障指示灯不闪亮时,如何判断故障部位在 ABS 系统还是在常规制动系统?

2. 当车轮转速传感器产生故障但无故障代码显示时,如何才能即快捷又简便地诊断出故障部位?

3. ABS 液压泵不工作的主要原因为:(1)____________________;(2)____________________;(3)____________________。

4. 若制动管路内有空气,最主要的诊断症状为:____。

项目2　制动拖滞

得分：

一、训练记录评分表

时间：　　　　时　　　　分至　　　　时　　　　分　共　　　　分钟

序号	作业内容	配分	扣分原因	得分
1	判断出故障所在车轮	5		
2	后轮制动器及分泵的检查	10		
3	驻车制动器的检查与调整	10		
4	前轮制动器及分泵的检查	10		
5	制动踏板自由行程的检查与调整	5		
6	制动总泵的检查	15		
7	真空助力器的检查	15		
8	诊断步骤规范与安全	5		
9	分数总计	75		
备注				

指导教师：　　　　　　　　　　　　　　　　年　　月　　日

二、训练并思考(25分)

1. 当驻车制动装置出现拖滞故障时，其主要症状表现为：____。

2. 如何区别全车制动拖滞故障和个别车轮制动拖滞故障？

3. 当单一后轮出现制动拖滞故障时，在分解后轮制动器的同时应重点检查：________________、________________、________________。

4. 当单一前轮出现制动拖滞故障时，在分解前轮制动器的同时应重点检查：________________、________________、________________。

项目3 制动跑偏

得分：

一、训练记录、评分表

时间：　　　时　　　分至　　　时　　　分　共　　　分钟

序号	作业内容	配分	扣分原因	得分
1	基本检查	5		
2	ABS 系统故障诊断与检查	25		
3	制动试验检查	5		
4	制动试验结果分析	10		
5	前轮制动器检查	10		
6	前轮制动分泵检查	10		
7	后轮制动器检查	10		
8	后轮制动分泵检查	10		
15	分数总计	85		
备注				

指导教师：　　　　　　　　　　　　　　年　　月　　日

二、训练并思考(15 分)

1. 汽车制动跑偏的主要成因是汽车________________和________________的技术状态左、右两侧不相等。

2. 汽车制动时向左跑偏，表明________车轮制动不良；若向右跑偏，表明车轮制动不良。

3. 简述后轮轴承间隙的调整方法？

4. 通过本项目训练，你有什么体会和建议？

参考文献

[1] 田夏.桑塔纳2000俊杰轿车使用与维修手册.北京:机械工业出版社,2002.3.
[2] 付百学,郭冀平.上海帕萨特轿车使用与维修手册.北京:机械工业出版社,2002.4.
[3] 林家和.桑塔纳轿车故障分析与排除.北京:中国农业出版社,2004.7.
[4] 鲁植雄.汽车防抱死制动系统故障诊断图解.南京:江苏科学技术出版社,2004.1.
[5] 王赟松,宋作军,杨爱兰.捷达轿车维修图册.北京:人民交通出版社,2001.8.
[6] 栾琪文.自动变速器实用维修图集.沈阳:辽宁科学技术出版社,2002.4.
[7] 李东江,张大成.国产轿车自动变速器检修手册.北京:机械工业出版社,2003.4.
[8] 徐昭,肖润谋.自动变速器维修.北京:电子工业出版社,2002.9.
[9] 鲁植雄.汽车自动变速器故障诊断图解.南京:江苏科学技术出版社,2001.9.
[10] 嵇伟.自动变速器故障诊断与检测(资料篇).北京:机械工业出版社,2003.8.
[11] 吴文琳,王明顺.新型国产汽车电控系统精选故障排除实例.北京:人民交通出版社,2003.10.
[12] 肖东.捷达轿车电气与电控系统维修实例.北京:电子工业出版社,2002.7
[13] 鲁植雄,韩英.帕萨特B5轿车数据流分析图解.北京:电子工业出版社,2004.9.
[14] 杨智勇,徐光君.轿车自动变速器精选故障排除实例.北京:人民交通出版社,2003.9.
[15] 鲁植雄.汽车电控发动机故障诊断图解.南京:江苏科学技术出版社,2001.9.
[16] 天天汽车工作室.轿车底盘维修技能实训.北京:机械工业出版社,2004.
[17] 林家和.桑塔纳轿车故障分析与排除.北京:中国农业出版社,2004.
[18] 阎佐廷,张振生.桑塔纳系列轿车故障分析排除实例.北京:金盾出版社,2004.
[19] 古聿,尹维贵.上海帕萨特B5轿车结构与维修.哈尔滨:黑龙江科学技术出版社,2001.
[20] 刘伟.捷达轿车拆装保养维修图集.长春:吉林科学技术出版社,2005.
[21] 王福忠.汽车维护与故障排除.北京:中国劳动出版社,1999.